अकबर

(जीवन कथा)

अकबर

विष्णु नागर

श्रृंखला-सम्पादक
लीलाधर मंडलोई

वाणी प्रकाशन ग्रुप
भारतीय ज्ञानपीठ
वाणी प्रकाशन : भारतीय ज्ञानपीठ की पुस्तकों के एकमात्र प्रकाशक एवं वितरक

शिक्षोदय ग्रन्थमाला : ग्रन्थांक 042

पहला संस्करण : 2017
दूसरा संस्करण : 2025

वाणी प्रकाशन ग्रुप | भारतीय ज्ञानपीठ

वाणी प्रकाशन : भारतीय ज्ञानपीठ की पुस्तकों के एकमात्र प्रकाशक एवं वितरक

वाणी प्रकाशन

4695, 21-ए, दरियागंज, नयी दिल्ली-110 002
दूरभाष : 011-23273167, 23275710
ईमेल : sales@vaniprakashan.in
www.vaniprakashan.com

ISBN : 978-93-7112-140-8

मूल्य : ₹ 295

अकबर
(जीवन-कथा)
विष्णु नागर

AKBAR
(Jeevan-Katha)
by Vishnu Nagar

मुद्रक : आर. टेक ऑफ़सेट प्रिंटर्स, दिल्ली-110 032

भारत के भविष्य : युवा साथियों के लिए

मेरी बात

साम्राज्य बहुत से बने और मिटे। एक वक्त आया कि मुगल साम्राज्य जैसा ताकतवर साम्राज्य भी नहीं रहा, केवल किताबों तक सिमट कर रह गया, इतिहास बन गया, लेकिन मुगल बादशाह अकबर का नाम अमर हो गया। वजह सिर्फ यह नहीं थी कि वह बहुत बड़े साम्राज्य का शासक था, बल्कि इसलिए कि वह उन चंद शासकों में था, जो न्यायप्रिय थे, जिन्होंने हिन्दुओं को भी उतना ही अपना समझा, जितना मुसलमानों को। दोनों में कोई भेदभाव नहीं किया। दोनों की प्रतिभा का सम्मान किया, दोनों की योग्यता का आदर किया। वह ऐसा शासक था, जिसने अपना धर्म चलाने की कोशिश भी की, जिसमें सबके लिए जगह थी। वह सब तरह के धार्मिक विचारों को सुनता था–समझता था। उसने सब धर्मों के बीच बहस और बातचीत का एक सार्थक मंच बनाया। उसने हर तरह की कट्टरता को नापसन्द किया, भले ही वह मुसलमानों के बीच ही क्यों न हो। विक्रमादित्य के बाद वह पहला शासक था, जिसके दरबार में नवरत्न थे यानी अपने समय के नौ अत्यन्त प्रतिभाशाली लोग, जिनमें तानसेन जैसे गायक भी थे, बीरबल और टोडरमल जैसे अपने–अपने ढँग के ज्ञानी, प्रशासक, कुशल सैन्यकर्मी भी। वह स्वयं निरक्षर था, मगर ज्ञान का अद्‌भुत पिपासु था। वह पढ़ नहीं सकता था, मगर सुन

सभी ख़ुदा के बन्दे हैं। आदमी सभी धर्मों का आदर करना सीखे। इनसान का विश्वास इसमें हो कि वह अपने जीवन में कुछ नेक काम कर रहा है अथवा नहीं।

सभी धर्म एक से हैं। फ़र्क केवल इबादत का है। राज में सभी सुखी हों और निर्विघ्न होकर अपना कत्तर्व्य पालन करें, तो शायद किसी मनुष्य, किसी धर्म, और किसी सम्प्रदाय को तकलीफ न होगी। जनता को सभी प्रकार के संसाधन मुहैया कराना ही शासक का धर्म है।

—सम्राट अकबर

शहंशाह अकबर

भारत के दो शासक महान माने जाते हैं—पहला सम्राट अशोक और दूसरा मुग़ल साम्राज्य का तीसरा वारिस शहंशाह अकबर, जिसे अपने पिता हुमायूँ की मृत्यु के बाद तेरह साल की उम्र में बादशाह की ज़िम्मेदारी सँभालनी पड़ी,जिसके लिए वह तैयार नहीं था। 63 साल की उम्र में अपनी मृत्यु तक उसने यह दायित्व सफलतापूर्वक सँभाला और एक उदाहरण प्रस्तुत किया। जैसा कि सब जानते हैं मुग़ल

अकबर

साम्राज्य की स्थापना बाबर ने की थी। उसने 1526 में दिल्ली का तख्त सँभाला था। पिता की ओर से वह तैमूर वंश का था और माँ की तरफ से चंगेज वंश का। वह भी अपने पोते की तरह कम उम्र में ही केवल बारह साल का था तब, उसे फ़रग़ाना का शासक नियुक्त कर दिया गया था, लेकिन उसे अपने ही रिश्तदारों के विरोध-विद्रोह का सामना करना पड़ा। दो वर्ष बाद उसने समरकंद पर कब्जा कर दिखाया, लेकिन कुछ समय बाद उसने फ़रग़ाना खो दिया। उसने तीन बार समरकंद जीता और तीनों बार उसे हार का सामना करना पड़ा। बार-बार हार का सामना करने वाला बाबर उत्तरी भारत की ओर बढ़ा, जहाँ उस समय अफगान शासक इब्राहीम लोदी का शासन था। लोदी के शत्रु बन चुके दौलत खाँ ने उससे कहा कि तुम भारत आओ और इब्राहीम लोदी को पराजित करके राज करो। यह सलाह उसके लिए मुफ़ीद साबित हुई। उसने 1525 में हुई पानीपत की पहली लड़ाई में इब्राहीम लोदी को पराजित किया और इस तरह मुग़ल साम्राज्य की नींव डाली। उसे मेवाड़ के राणा सांगा का विरोध सहना पड़ा, मगर उन्हें भी बाबर से पराजय का मुँह देखना पड़ा। उसने कुल साढ़े चार वर्ष ही भारत पर शासन किया और उसकी मृत्यु मात्र सैंतालीस साल की उम्र में ही 26 दिसंबर,1530 को हो गई। इसके बाद हुमायूँ ने 23 वर्ष की उम्र में शासन सँभाला, मगर सात वर्ष बाद उसे शेहशाह सूरी से पराजय का मुँह देखना पड़ा और वह हिन्दुस्तान से लौट गया। उसने 15 वर्ष बाद फिर अपना शासन स्थापित किया, मगर इसके बाद उसकी मृत्यु जल्दी ही हो गई।

बाबर ने भले ही मुग़ल सम्राज्य की स्थापना की थी, मगर वह हिन्दुस्तान के लिए हमेशा परदेसी ही बना रहा। जैसा कि जवाहर

अकबर के दादा बाबर
(1526—1530)

लाल नेहरू ने हिन्दुस्तान की कहानी में लिखा है, उस पर ईरान की कला और संस्कृति का गहरा असर था। उसे हिन्दुस्तान पसन्द तो था मगर उसे बराबर वहाँ के जीवन की, वहाँ के संगी-साथियों की याद आती थी। उसे बर्फिस्तान और फरगाना के गोश्त और फलफूलों की चाहत होती थी, उनकी याद आया करती थी। हिन्दुस्तान के एक हिस्से पर कब्जा करने के चार साल बाद ही उसकी मृत्यु हो गई, इसलिए वह हिन्दुस्तान ज्यादा देख-जान नहीं पाया। जितना उसने देखा-जाना उसे बाबर ने बड़ी संवेदनशीलता से बाबरनामा में दर्ज किया है। इस बीच उसका बहुत समय लड़ाइयों और अपनी राजधानी

आगरा को सजाने–सँवारने में ही बीत गया। उधर उसके बेटे हुमायूँ ने शुरू के दस साल शासन ज़रूर किया, मगर वह भी चैन से बैठ न पाया। उसे पराजय के बाद भारत से लौटना पड़ा और जब वह फिर से आया तो बहुत कम समय ज़िन्दा रह पाया। इन दोनों बादशाहों के समय शाही परिवार के लोग देश से बाहर ही रहे। हिन्दुस्तान में मुग़लवंश की बुनियाद अगर सचमुच किसी ने पक्की की, इस इरादे के साथ जिसने हुकूमत की कि उसे भारत का होकर ही रहना है, वह अकबर था।

हुमायूँ की जब मृत्यु हुई तब उसका साम्राज्य बहुत अच्छी हालत में नहीं था और उधर अकबर की उम्र भी बहुत कम थी—महज़ तेरह साल। अगर बैरम खाँ जैसा बहादुर सेनापति उसे न मिला होता तो सम्भव है कि मुग़ल सम्राज्य का पतन हुमायूँ के बाद ही हो जाता। हम कभी अकबर को जान नहीं पाते, न मुग़ल सम्राज्य अकबर के बाद भी करीब एक सौ साल तक चल पाता। अकबर के सेनापति बैरम खाँ ने–जो दरअसल उसके पिता हुमायूँ के साथ था– उसने उत्तरी भारत को अफगानों से छीना और उसके सिपहसालार हेमू को पानीपत की दूसरी लड़ाई में पराजित किया।

जब शेरशाह सूरी ने हुमायूँ को एक तरह से भारत से धकेल दिया था और वह गरीबी और निर्वासन का जीवन बिता रहा था। उसी समय अकबर का जन्म सिन्ध, उमरकोट में 15 अक्टूबर 1542 को हुआ। बाबर के पोते और हुमायूँ के बेटे अकबर का बचपन में लालन–पालन काबुल में हुआ, जहाँ उसके चाचा कामरान मिर्ज़ा और मसकली मिर्ज़ा ने तथा उसकी चाची ने उसका लालन–पालन किया। जवानी में उसे शिकार करने, दौड़ने, लड़ने का बेहद शौक था, जिस

अकबर के पिता हुमायूँ
(1530—1556)

कारण उसमें बहादुरी का जज़्बा पैदा हुआ और वह बाद में ताकतवर और बुद्धिमान योद्धा के रूप में उभरा, लेकिन पढ़ने-लिखने में उसे कोई दिलचस्पी नहीं रही—बचपन में। इस कारण वह जीवनभर लिखना-पढ़ना तो नहीं सीख पाया, हालाँकि बाद में शहंशाह बनने के बाद वह ग़ज़ब का ज्ञान पिपासु सिद्ध हुआ।

कहा जाता है कि अकबर जब चार वर्ष, चार महीने और चार दिन का हुआ तो स्थानीय प्रथा के अनुसार उसकी शिक्षा आरम्भ की गई थी। उसे सबसे पहले मुल्ला असाउद्दीन इब्राहीम पढ़ाने आये, लेकिन अकबर उनसे पढ़ने में सिफर ही रहा। हुमायूँ ने समझा कि

पढ़ाने वाले की लापरवाही से ही बच्चा पढ़ नहीं पाया है। इसके बाद मुल्ला बायज़ीद को अकबर का शिक्षक बनाया गया, नतीजा फिर वही रहा। फिर मौलाना अब्दुल क़ादिर को यह ज़िम्मेदारी सौंपी गई, लेकिन अकबर की दिलचस्पी तो कबूतरबाज़ी, कुत्तों के साथ खेलने और तरह-तरह के साहसिक कारनामों में थी, वह क्या पढ़ पाता? जब वह कम उम्र में भारत लाया गया, तब भी उसका यही हाल रहा। यहाँ बैरम खाँ के एक सहयोगी को यह काम सौंपा गया, लेकिन फिर भी अकबर पढ़ नहीं पाया।

अकबर का रंग बहुत खिला हुआ नहीं था, उसकी आँखें और भौंहें काली थीं। आँखों में चमक थी। वह दर्मियाने क़द का था। बताते हैं कि उसका व्यक्तित्व इतना प्रभावशाली था कि पहली ही नज़र में लगता था कि यह किसी बादशाह से कम नहीं है। उसके कन्धे चौड़े थे, सिर अकसर दाएँ कन्धे की तरफ झुका रहता था। उसका कपाल चौड़ा और खुला था। शरीर गठीला था और वह फुर्तीला था। उसने जीवन में साहस के कई कारनामे कर दिखाए थे। कहते हैं कि जब वह 19 साल का था तो वह एक दिन अपनी सेना के आगे-आगे चल रहा था। रास्ते में उसे एक शेरनी मिली, जो अपने बच्चों के साथ उसके सामने आ गई और हमलावर होने लगी। अकबर ने उस पर तलवार से ऐसा ज़ोरदार हमला किया कि वह तुरन्त ढेर हो गई। पीछे आनेवाले उसके सेवकों ने देखा कि अकबर उस मृत शेरनी के पास बड़ी शान से चुपचाप खड़ा है।

अकबर का अभिभावक बैरम खाँ

बैरम खाँ ने अकबर के लड़कपन में उसकी तरफ से कई लड़ाइयाँ लड़ीं, जिसमें पानीपत की दूसरी लड़ाई सबसे मशहूर है, जिसमें उसने अफगानियों को पराजित किया। अफगानी सेना का नेतृत्व हेमू कर रहा था। बैरम खाँ ने मुग़लों के लिए लगातार जीत हासिल करने का सिलसिला जारी रखा। पानीपत से जो सिलसिला चला, वह मुल्तान, अजमेर, ग्वालियर तक चलता रहा। इस बीच पैर जम जाने के बाद यह फैसला किया गया कि काबुल से शाही बेगमों और मुग़ल अमीरों के परिवारों को भारत लाया जाये, ताकि मुग़लों को इस बात का एहसास हो सके कि अब उन्हें भारत से लौटकर नहीं जाना है, अब यहीं बसना है। इस तरह अकबर की रणनीति उसके दादा बाबर और पिता हुमायूँ से अलग थी, जिन्होंने संकेत दिए थे कि वे भारत में

अकबर का अभिभावक बैरम खाँ

हुमायूँ की गोद में पुत्र अकबर

हमेशा के लिए शासन करने नहीं आए हैं। 1559 में मुग़लों ने राजपूताना और मालवा पर भी हमला किया। अकबर 19 साल का हो गया तो उसके बैरम खाँ से मतभेद पैदा होने लगे। वह अपने मामलों को दुरुस्त करने के लिए स्वयं ही बहुत दिलचस्पी लेने लगा, इसलिए अब बैरम खाँ की कठपुतली बनकर रहना नहीं चाहता था। इसके अलावा अकबर का अभिभावक होने के नाते उसे जो सत्ता हासिल थी,उसके कारण बैरम खाँ के कई शत्रु पैदा हो गए थे। उसकी धाय माँ और उसके तमाम रिश्तेदार भी चाहते थे कि अति महत्त्वाकांक्षी

बैरम खाँ को राजकाज से अलग किया जाए। इस बीच अकबर का दरबार में बैरम खाँ से विवाद भी हो गया था। अन्ततः अकबर ने बैरम खाँ से कहा कि बेहतर है कि अब आप हज करने मक्का निकल जाएँ। वैसे आप चाहें तो दरबार में बने रह सकते हैं और आपका दर्जा कम नहीं रहेगा। बैरम खाँ ने मक्का जाना पसन्द किया। वह समुद्री रास्ते से जाने के लिए गुजरात गया। कहते हैं उससे हाथ मिलाने के बहाने वहाँ कुछ पठानों ने उसकी पीठ में छुरा भोंका और वह वहीं मर गया। इसके बाद अकबर ने सारा सैन्य प्रभार खुद सँभाल लिया।

अकबर के भाई अदम खाँ तथा मुग़ल कमांडर पीर मोहम्मद खाँ ने सैन्य दृष्टि से महत्त्वपूर्ण मालवा पर आक्रमण किया। वहाँ के अफगान शासक बाजबहादुर को सारंगपुर की लड़ाई में पराजित किया। वह अपना ख़जाना और अपने हरम छोड़कर खानदेश चला गया। उस लड़ाई में जो सम्पत्ति हासिल हुई थी, उसके भाई अदम खाँ ने अपने पास रख ली और मध्य एशिया की परम्परा के अनुसार उसने बाजबहादुर की कई पत्नियों और बच्चों की हत्या कर दी। अन्ततः अकबर को खुद अदम खाँ का मुकाबला करने आना पड़ा। उसे उसकी ज़िम्मेदारी से मुक्त कर दिया गया। इसके बाद पीर मोहम्मद खाँ को अकबर ने बाजबहादुर का पीछा करने भेजा, लेकिन खानदेश और बरार के शासकों ने मिलकर अकबर की सेना को पराजित कर दिया और बाज बहादुर ने फिर मालवा हासिल कर लिया। फिर अकबर ने अपनी सेना भेजकर मालवा पर कब्जा कर लिया।

अकबर ने बाद में यह सुनिश्चित किया कि मुग़ल परिवार का कोई भी व्यक्ति हो उसे अकबर के प्रति जवाबदेह होना होगा।

उस ज़माने में आगरा से कोलकाता पहुँचने में सेना को छह

महीने लगते थे और उसे विद्रोह को दबाने के लिए कोलकाता जल्दी पहुँचना था, क्योंकि वहाँ का सूबेदार अकबर के विरुद्ध विद्रोह कर चुका था। उसने कहा कि वह स्वयं जाएगा। उसने आदेश दिया कि उसके साथ केवल घुड़सवार सेना के चुस्त-दुरुस्त सिपाही जाएँगे। उसने दावा किया कि मैं दो महीने में कोलकाता पहुँचकर दिखाऊँगा, बस रास्ते में हमारे घोड़े जहाँ थक जाएँ, वहाँ उनकी जगह दूसरे नये घोड़े उपलब्ध होने चाहिए। उसका सूबेदार इस भ्रम में था कि कम से कम छह महीने तो अकबर की सेना को पहुँचने में लगेंगे ही, तब तक तो उसकी हुकूमत वहाँ चलेगी ही, लेकिन जब उसने देखा कि बादशाह असम्भव को सम्भव करके केवल दो महीने में खुद पहुँच गया है तो उसके सामने हथियार डालने के अलावा कोई रास्ता नहीं बचा। वह समझ गया कि ऐसा बादशाह क्या नहीं कर सकता,इसलिए उससे लड़ना व्यर्थ है।

कहते हैं अकबर के जीवन में भी दाग हैं। उसने कश्मीर के शासक यूसुफ़ शाह को बातचीत का आश्वासन देकर उसे आगरा बुलाया, लेकिन गिरफ्तार कर लिया। बाद में उसे बिहार का सूबेदार बनाकर भेज दिया। मगर कश्मीर का आदमी एकदम विपरीत बिहार की आबोहवा सह नहीं पाया और उसकी जल्दी ही मृत्यु हो गई। दूसरा कलंक उसके जीवन का यह बताया जाता है कि उसने एक राजपूत विद्रोही को अपने दरबार में बुलवाया। अकबर के एक सेनापति ने उसे वचन दिया था कि बादशाह तुम्हें गिरफ्तार नहीं करेंगे, तुमसे बात करने के लिए ही तुम्हें वहाँ बुलाया गया है, लेकिन अकबर ने उसे गिरफ्तार कर लिया। इससे उस सूबेदार ने अपने आप को बहुत अपमानित महसूस किया और ज़हर खाकर आत्महत्या कर ली।

युवावस्था में अकबर

राणा प्रताप और अकबर

अकबर के लिए सबसे मुश्किल था उत्तर–पश्चिम भारत में मेवाड़ को जीतना। हालाँकि अकबर ने 1568 में राणा प्रताप के पिता उदय सिंह द्वितीय को हराकर चित्तौड़गढ़ के किले पर विजय पा ली थी। इसके कारण उदय सिंह और शाही परिवार के लोगों को अरावली की पहाड़ियों में शरण लेनी पड़ी थी, जहाँ पर उदय सिंह 1559 में ही उदयपुर शहर बसा चुके थे। इसके बाद फिर अकबर के सिपहसालार मानसिंह प्रथम और असद खान ने महाराणा प्रताप पर हमला किया। हल्दीघाटी के मैदान में पारम्परिक ढँग से लड़ाई हुई, क्योंकि घाटी

वाले क्षेत्रों में उसके लिए अपना तोपखाना उतारना मुश्किल था। राणा प्रताप की सेना मुग़लों की सेना से लगभग आधी ही थी, लेकिन अकबर की घुड़सवारों और हाथियों की फौज के बावजूद राणा प्रताप ने मैदान करीब-करीब जीत ही लिया था, लेकिन इतने में मुग़लों ने और फौजें भेज दीं, जिसके कारण राजपूतों को पीछे हटना पड़ा और पहाड़ियों में छुप जाना पड़ा। मुग़लों की सेना इतनी बड़ी थी कि खुद राणा प्रताप को भी मैदान छोड़ना पड़ा और मुग़लों की विजय हुई। इसके बाद महाराणा प्रताप ने अपनी राजधानी अस्थायी रूप से कुंभलगढ़ को बनाया। फिर अकबर खुद राणा प्रताप के विरुद्ध मैदान में आया और गोगुंदा, उदयपुर और कुंभलगढ़ आदि पर

अकबर का दरबार

मुग़लों ने कब्जा कर लिया। इस कारण राणा प्रताप को दक्षिणी मेवाड़ के पहाड़ी इलाकों की तरफ निर्वासित जीवन जीना पड़ा। कुछ समय बाद मुग़लों ने जालौर के अफगान प्रमुख तथा सिरोही, बांसवाड़ा, डूंगरपुर और बूंदी के राजपूत प्रमुखों पर भी दबाव बढ़ाया और वे भी मुग़लों के पक्ष में आ गए। मुग़लों की फिर से विजय हुई, लेकिन मुग़लों का दबाव 1579 में घट गया, जब अकबर को बंगाल, बिहार तथा पंजाब के विद्रोहों से निबटना पड़ा और 1585 में अकबर को अपनी राजधानी लाहौर बनानी पड़ी, जहाँ वह अगले 12 वर्षों तक रहा। इस दौरान मुग़लों ने मेवाड़ पर आक्रमण नहीं किया और राणा प्रताप ने कुंभलगढ़, उदयपुर, गोगुंदा, रणथंभोर और चित्तौड़ के आसपास के इलाकों पर फिर से कब्ज़ा कर लिया, हालाँकि वह चित्तौड़गढ़ जीत नहीं पाए। इस दौरान महाराणा प्रताप ने नई राजधानी उस जगह को बनाया, जो कि आजकल डूँगरपुर के नाम से जानी जाती है। महाराणा प्रताप ने मुग़लों से निबटने के लिए जो गुरिल्ला पद्धति अपनाई थी, बाद में उसका अनुसरण शिवाजी और बंगाल के क्रान्तिकारियों ने किया। इसी पद्धति का इस्तेमाल विभिन्न देशों के क्रान्तिकारी संगठन भी करते आए हैं, क्या उन्हें इसकी प्रेरणा महाराणा प्रताप से मिली, यह नहीं कहा जा सकता।

अकबर के लिए राजपूताना पर कब्जा करना रणनीतिक रूप से इसलिए ज़रूरी था, क्योंकि बिना मेवाड़ को जीते आगरा से गुजरात तक के सबसे छोटे रास्ते पर कब्जा नहीं हो सकता था। उसने पश्चिमी और पूर्वी भारत में भी विजय हासिल की। गुजरात और बंगाल पर कब्जा किया; जहाँ से एशिया, अफ्रीका और यूरोप से भारत को व्यापार के ज़रिए जोड़ा जा सकता था। इसके अलावा गुजरात मुग़ल

विद्रोहियों का गढ़ भी हुआ करता था। गुजरात की जीत के बाद वह फ़तेहपुर सीकरी लौटा और उसने वहाँ इस विजय की याद में बुलन्द दरवाज़ा बनवाया, लेकिन कुछ ही समय बाद उसे फिर से गुजरात के युद्ध मैदान में आना पड़ा। वह राजपूताना को पार करते हुए ग्यारह दिनों में अहमदाबाद पहुँचा। तब उसने 1573 में अन्तिम तौर पर वहाँ विजय हासिल की।

1564 में अकबर की फौज ने गोंडवाना पर कब्ज़ा किया, तब वहाँ के राजा वीर नारायण और उसकी माँ दुर्गावती राज कर रहे थे। उस युद्ध का नेतृत्व खुद अकबर ने नहीं किया था, क्योंकि वह तब उज़्बेकों से निबटने में लगा था। उसने यह काम चोरगढ़ के सूबेदार असद खाँ को सौंपा था। पराजय के बाद दुर्गावती ने आत्महत्या कर ली और हार के बाद राजा वीर नारायण को खत्म कर दिया गया। मुग़लों को इससे बेहद धन मिला, जिसमें सोना, चाँदी, ज़ेवरात और 1000 हाथी शामिल थे। कहा जाता है कि दुर्गावती की छोटी बहन कमला देवी को मुग़ल हरम में भेज दिया गया और दुर्गावती के मृत पति के भाई को उस इलाके का प्रशासक नियुक्त कर दिया गया।

अकबर का महल, सिकन्दरा

अकबर और राजपूत

अकबर ने मुग़ल शासन को मज़बूत करने के लिए राजपूतों की काफी मदद ली। उनकी ही मदद से उसने चित्तौड़, रणथम्भोर, गोंडवाना, बंगाल, बिहार, उड़ीसा, अहमदनगर, कश्मीर ही नहीं, काबुल और बलूचिस्तान को अपने कब्जे में किया था। उसके प्रतिपक्षियों में से दो ही मुख्य थे—चित्तोड़ के राजा महाराणा प्रताप और दूसरी गोंडवाना की रानी दुर्गावती। अकबर ने राजपूतों के सामने मैत्री का हाथ बढ़ाया था, उसने महाराणा प्रताप से भी सम्बन्ध बनाने के प्रयास किये थे। पाँचवीं बार प्रयास सफल होते लगे थे, उन्होंने अपने बेटे अमर सिंह को अकबर के दरबार में भेजा था। उन्होंने यह शर्त मान ली थी कि वह अकबर द्वारा भेंट की गई पगड़ी पहनकर आएगा। मगर अकबर चाहता था कि खुद महाराणा प्रताप भी दरबार में आकर ऐसा करें,इस पर बात टूट गई। वैसे महाराणा प्रताप के भाई शक्ति सिंह,जगमल और सागर सिंह अकबर के दरबार में हाज़िरी बजा चुके थे मगर प्रताप नहीं माने।

अकबर ने राजपूतों से विवाह सम्बन्ध स्थापित किए। आमेर के राजा भागमल की बेटी से विवाह किया। इसके बाद भी अनेक राजाओं ने अकबर के साथ वैवाहिक सम्बन्ध स्थापित किये। अकबर ने इन तमाम राजाओं को मुग़ल साम्राज्य में ऊँची से ऊँची जगहें दीं। उनकी सेवाओं की मदद से उसने भारत के बड़े भाग में विजय हासिल की। अकबर ने राजपूत परिवारों में शादियाँ ज़रूर की थीं, लेकिन अपनी पत्नियों को मुसलमान बनने के लिए मजबूर नहीं किया था। जिन्होंने इस्लाम क़ुबूल करना ठीक नहीं समझा, उन्हें न केवल अपने हिन्दू विश्वासों के साथ रहने की स्वतन्त्रता दी, बल्कि

उन्हें और उनके परिवारों को बराबरी का सम्मान भी दिया। उसने अपनी हिन्दू रानियों के लिए किले के भीतर तुलसी के पेड़ लगवाये थे,ताकि वे तुलसी की पूजा कर सकें। उसने मन्दिर भी बनवाये, यहाँ तक कि किले के अन्दर जिन महलों में हिन्दू रानियाँ रहती थीं, उनका स्थापत्य हिन्दू-स्थापत्य था। वह अपनी हिन्दू रानियों को प्रसन्न करने के लिए स्वयं समय-समय पर हिन्दू पोशाक भी पहन लिया करता था, तिलक लगाता था और माला भी जपता था।

अकबर ने कई हिन्दू राज परिवारों की राजकुमारियों से विवाह किए थे। लेकिन कुछ राजपूत राजा ऐसे भी थे, जिन्होंने कहा था कि हम अकबर का साथ तो देने को तैयार हैं मगर अपनी बेटी की शादी उससे करने की शर्त हमें कुबूल नहीं तो उसने इस पर ज़ोर नहीं दिया। मेवाड़ के सिसोदिया और रणथम्भोर के राजाओं से उसने इस तरह के सम्बन्ध बनाने की कोशिश की। रणथम्भोर के सुरजन हाड़ा के परिवार से वैवाहिक सम्बन्ध नहीं बना मगर अकबर के शाही दरबार में उन्हें महत्त्वपूर्ण स्थान दिया गया। उन्हें गढ़ कटंगा का सूबेदार बनाया। कुछ और राजपूत राजाओं ने भी बादशाह के साथ वैवाहिक सम्बन्ध बनाने से इनकार किया था, लेकिन जब राठौर कल्याणदास ने धमकी दी कि वह राजा राव उदय सिंह और जहाँगीर दोनों की हत्या कर देंगे, क्योंकि उदय सिंह ने अकबर के बेटे जहाँगीर को अपनी बेटी देना क़ुबूल कर लिया है तो अकबर ज़ाहिर है कि आगबबूला हुआ। उसने कल्याण दास के राजमहल पर हमला करने के लिए सैनिक भेजे। कल्याण दास अपने लोगों के साथ लड़ते-लड़ते मारा गया और उसके परिवार की औरतों ने जौहर कर लिया।

राजपूत राजाओं को बड़े पदों पर नियुक्त करके उसने मुग़ल

जोधा बाई पारम्परिक वेशभूषा में

शासन में बहुसंख्यक हिन्दुओं के प्रभाव विस्तार को प्रोत्साहन दिया। उसने राजा टोडरमल जैसे सक्षम आदमी को माल महकमे का कार्यभार सौंपा, जिन्होंने शेरशाह सूरी के भूमि सम्बन्धी सुधारों को पूरे साम्राज्य में लागू किया। हिन्दुओं के बीच अकबर में विश्वास बढ़ चला था। उसने हिन्दुओं का विश्वास हासिल करने के लिए उन पर लगने वाले जज़िया कर को समाप्त किया, जो कि उसके पहले के मुस्लिम शासक हिन्दुओं से वसूला करते थे। अकबर ने साम्राज्य की रक्षा का बहुत कुछ भार अपने हिन्दू सेनापतियों पर सौंप रखा था। उसके सर्वोच्च सेनापति थे मानसिंह और भगवानदास। अफगानिस्तान जैसे मुस्लिम प्रदेश की ज़िम्मेदारी उसने राजा मान सिंह को देना

युद्ध भूमि में अकबर

उचित समझा था। बंगाल आदि प्रदेशों के सर्वोच्च पदों पर भी हिन्दू थे। उसके प्रधानमंत्री टोडरमल थे। अब बड़े-बड़े युद्धों में राजपूत सैनिक बेधड़क होकर जाने लगे थे। उसने नवजात बालिकाओं की हत्या का रिवाज भी बन्द करवाया था। उसने ज़बरदस्ती सती होने पर भी रोक लगाई थी। किसी स्त्री को सती होने के लिए मजबूर नहीं किया जा सकता था। हाँ, अगर वह स्वेच्छा से ऐसा करना चाहे तो रोक नहीं थी। एक बार राजा भगवानदास के परिवार की एक स्त्री को ज़बरदस्ती सती बनाने का मामला सामने आया तो उसने अश्वारोही दल भेजकर इसे रुकवा दिया था। उसने तीर्थयात्रा पर लगनेवाला कर भी हटाया था। अकबर एक बार वृन्दावन भी गया था। उसके काल में वहाँ चार मन्दिर बने थे जिनमें मदन मोहन मन्दिर, गोविन्द जी मन्दिर, गोपीनाथ मन्दिर और जुगल किशोर मन्दिर थे। उस काल में राधावल्लभ मन्दिरों की शृंखला भी तैयार हुई थी। एक दिलचस्प

बात यह है कि अकबरनामा में हिन्दू पंडितों द्वारा बनाई गई अकबर की जन्म कुंडली भी दी गई है और उसका विश्लेषण भी है। अकबर ने कई चीजें हिन्दू परम्परा के अनुसार शुरू कीं, जैसे उसने झरोखा दर्शन शुरू किया। सभी हिन्दू- मुसलमानों के त्योहारों पर उसने तुलादान की परम्परा शुरू की थी। उसने स्वयं गौ-माँस खाना बन्द कर दिया था और गैरशाकाहारी भोजन करना भी काफी कम कर दिया था। वह अपने महल में हमेशा अग्नि प्रज्वलित रखता था। उसने शिकार करना भी बन्द कर दिया था। उसकी कोशिश थी कि अनावश्यक रूप से पक्षियों को न मारा जाये। अकबर आगरा या फ़तेहपुर सीकरी से बाहर कहीं भी जाता था तो भी गंगा का पानी ही पीता था,चाहे वह जगह गंगा के इलाके से कितनी ही दूर क्यों न हो। गंगा नदी से 200 मील दूर पंजाब में भी यह सिलसिला चलता रहा। वह इस पानी को अमृत समान मानता था। उसके लिए बड़े-बड़े बर्तनों में गंगा का पानी हमेशा साथ ले जाया जाता था।

अकबर को बचपन से ही जो वातावरण मिला था, उसमें दूसरे धर्मों के प्रति सहनशीलता की विरासत आरम्भ से ही मिली थी। इस देश के संत और पहले के शासक भी हिन्दुओं और मुसलमानों के बीच साम्प्रदायिक सद्भाव की भावना पैदा करते आ रहे थे। गुरु नानक, कबीर और चैतन्य ने तथा फ़ारसी के शायर हाफ़िज़ ने मनुष्यों में सद्भाव की एक मज़बूत परम्परा डाली थी। इसके अलावा जो अध्यापक अकबर को पढ़ाने आते थे, उनमें दो ईरानी शिया थे, जबकि उसका परिवार सुन्नी था। शियाओं के प्रति शुरू में उसमें कुछ पूर्वग्रह थे। उसने शेख अब्दुल नबी के कहने में आकर शिया गुरु मीर मुर्तज़ा शरीफ की कब्र को अमीर खुसरो की दरगाह के नज़दीक से

हटवाया था, उन्हें विधर्मी घोषित करके, लेकिन 1570 के बाद उसके रुख में भारी बदलाव आया। उसने इन पूर्वग्रहों से मुक्ति पाई और वह 'सुलह कुल' (सर्वधर्म समभाव) बनाने तक की मंज़िल तक पहुँच गया था। इस बीच उसे कट्टरपंथी मुसलमानों का विद्रोह भी झेलना पड़ा। उसके विरुद्ध विधर्मी होने के फतवे जारी किये गए। उसने ऐसे क़ाज़ियों को सज़ाएँ दीं। उसने ऐसी स्थितियाँ पैदा कीं कि तमाम बड़े इमामों को मिलकर घोषणा जारी करनी पड़ी कि अकबर इस समय का ख़लीफ़ा है, उसकी अनुमति धार्मिक आदेश जारी करने के लिए ज़रूरी थी।

अकबर ने 1582 में स्पेन के राजा फिलिप द्वितीय को एक पत्र लिखा था, जिसमें उसने कहा था कि ज्यादातर जनसाधारण परम्परा की बेड़ियों में जकड़े रहते हैं और उनके पूर्वजों ने जो किया है, उसी का बिना सोचे-समझे अनुसरण करते रहते हैं—बिना अपने विवेक का इस्तेमाल किये। वे उसी धर्म का पालन करते रहते हैं, जिसमें वह पले, जिसमें रहकर उन्होंने शिक्षा-दीक्षा पाई। वे सत्य की सम्भावना के बारे में बिल्कुल नहीं सोचते,जो मानव विवेक का सबसे महान काम हो सकता है। इस पत्र को लिखने का सन्दर्भ यह है कि फिलिप ने अत्याचार करके स्पेन से मुसलमानों और यहूदियों का खात्मा कर दिया था और अब प्रोटेस्टेंट ईसाइयों की बारी थी। फिलिप ने हालाँकि अकबर की बात नहीं सुनी, लेकिन इससे इतना तो पता लगता ही है कि अकबर का दूसरे धर्म के लोगों के प्रति क्या रुख था। कहते हैं कि उसने फ़ारस के बादशाह शाह अब्बास को भी एक खत लिखकर कहा था कि विभिन्न धार्मिक समुदाय हमें ईश्वर द्वारा सौंपी गई दैविक निधियाँ हैं, यह मानते हुए हमें उन सबसे प्रेम करना

चाहिए। हमारा यह दृढ़ विश्वास होना चाहिए कि हर धर्म को ईश्वर का आशीर्वाद प्राप्त है और हमें हमेशा सद्‌भाव के सदाबहार बाग के आनंद को हासिल करने का प्रयास करना चाहिए। वह जो ऊपर सबसे बड़ा शासक है वह बिना किसी भेदभाव के सभी मनुष्यों को अपनी दया देता है, बादशाहों को जो ईश्वर का प्रतीक होते हैं—इस सिद्धान्त का हमेशा पालन करना चाहिए।

सम्राट अकबर का सम्मान करते हुए प्रजा जन

अकबर का इबादतखाना

सब धर्मों के लिए इबादतखाना

अकबर ने फ़तेहपुर सीकरी में इबादतखाना बनवाया था, जिसमें पहले सिर्फ मुसलमानों के विभिन्न पंथों के मुल्ला-मौलवी खुली बहस किया करते थे। अकबर ने देखा कि एक ही धर्म के मानने वाले इन मुल्लाओं-मौलवियों के बीच भी धर्म के मसलों पर काफी गरमागरम विवाद हुआ करता है। उसे यह बात बिल्कुल समझ में नहीं आती थी कि इनमें भी इतना टकराव क्यों होता है। एक बार मुल्ला-

मौलवियों में विवाह के सवाल पर बहस छिड़ गई। काफी वाद-विवाद के बावजूद यह तय नहीं हो पाया कि एक मुसलमान कितनी शादियाँ कर सकता है। इस मसले पर जब अन्तिम निर्णय वे नहीं कर सके, तब उन्होंने खुद अकबर से निवेदन किया कि वह इस झगड़े का निबटारा करे। अकबर ने कहा कि पहले सब मिलकर कागज पर लिख कर दें कि धर्म सम्बन्धी मामलों में आखिरी फैसला देने का अधिकार बादशाह को होगा। मुल्लाओं ने उस कागज पर दस्तखत किए और परिणाम यह हुआ कि बादशाह होते हुए भी मुसलमानों के धार्मिक मामलों में दखल देने का अधिकार उसने हासिल कर लिया। इस तरह उसने खुद को 'इमामे आदिल' अर्थात मुसलमानों का सबसे बड़ा इमाम घोषित करवा लिया।

इस्लाम में इतने विभेदों से हैरानी के बाद उसने विभिन्न धर्मों के लोगों को वहाँ आपस में विचारविमर्श के लिए बुलाना आरम्भ किया,जिसमें हिन्दू, मुसलमान, जैन, सिख, पारसी,यहूदी, मुसलमानों के सुन्नी-शिया समेत विभिन्न सम्प्रदायों-पंथों के लोग आते थे। वहाँ हर सोमवार को विचारविमर्श हुआ करता था। यहाँ तक बताते हैं कि उसमें नास्तिक भी होते थे। इबादतखाने में देवी नामक एक ब्राह्मण हिन्दू धर्मग्रन्थों की विवेचना करता था। जैन मुनि हरि विजय सूरी, जिन चन्द्र, भानु चन्द्र उपाध्याय तथा मुनिराज विजय सेन सूरि जैन धर्म पर चर्चा करते थे। कहते हैं कि एक न एक जैन मुनि बादशाह के दरबार में ज़रूर हुआ करता था। शायद यह जैन धर्म का ही प्रभाव रहा होगा—जो जीव हत्या के सख्त विरुद्ध है—कि अकबर ने कुछ खास तारीखों पर पशुओं का वध बन्द करवा दिया था। अकबर प्राचीन ईरानी धर्म तथा पारसी धर्म की बातें भी सुनता था। शायद यह

पारसियों का असर था कि वह सूर्य की पूजा किया करता था। मुक्तिबोध लिखते हैं कि सिख धर्म के प्रति भी अकबर में बेहद श्रद्धा थी। ईसाई धर्म से परिचय प्राप्त करने के लिए अकबर ने गोवा के पुर्तगाली पादरियों को अपने दरबार में बुलाया, लेकिन उन पादरियों ने मोहम्मद साहब और क़ुरआन पर तरह-तरह के हमले करने शुरू कर दिये। इसका असर यह हुआ कि ईसाई पादरियों से बहुत से मुसलमान नाराज़ हो गए।

अकबर ने इबादतखाने में ईश्वर द्वारा लिखित माने जानेवाले धार्मिक ग्रंथों पर भी बहस की स्वतन्त्रता दी थी। इससे भी कई कट्टरवादी उलेमा उससे बहुत खफा हुए थे। उन्होंने यह तक अफवाह फैला दी कि अकबर ने इस्लाम तर्क कर दिया है। वैसे सदेच्छा से आरम्भ किया गया यह अभियान कुल मिलाकर इस अर्थ में बहुत सफल नहीं माना जा सकता, क्योंकि वहाँ आने वाले धार्मिक नेता अपने धर्म के बारे में बात करते-करते दूसरे धर्मों की निन्दा किया करते और अकसर लड़ाई-झगड़े की नौबत आ जाती। विभिन्न धर्मों के बीच में बेहतर समझदारी बनने के बजाय इससे कड़वाहट ज्यादा पैदा होने लगी। इसके बावजूद अकबर ने इबादतखाने में बहसों का सिलसिला नहीं छोड़ा, क्योंकि इन बहसों के दौरान ही उसे पता चला कि सभी धर्मों में बहुत सी अच्छी बातें हैं, जिन्हें उसने अपने धार्मिक आन्दोलन 'दीन-ए-इलाही' में बाद में शामिल किया ।

एक बार धार्मिक विचारविमर्श के दौरान यह विचार सामने आया कि मनुष्य जो भाषा बोलता है, वह मनुष्यकृत नहीं, बल्कि ईश्वर प्रदत्त है। अकबर ने कहा कि ठीक है, अगर भाषा ईश्वर प्रदत्त है तो इस सत्य की जाँच करवा लेते हैं। उसका विद्वानों से सवाल था

कि अगर वाकई भाषा भी ईश्वर प्रदत्त होती है तो फिर ईश्वर हम सबसे अलग-अलग भाषाएँ क्यों बुलवाता है? फिर तो हम सबकी भाषा एक ही होनी चाहिए। भाषा तो दरअसल समाज की, मनुष्य की देन है, मगर धार्मिक लोगों को सन्तुष्ट करने के लिए उसने एक महल बनवाया, जिसे गूँग महल कहा जाता है, वहाँ इतनी छोटी उम्र के बच्चों को रखा गया, जिन्होंने अभी बोलना नहीं सीखा था। उन बच्चों को सब तरह की सुविधाएँ प्राप्त थीं, लेकिन बादशाह का निर्देश था कि कोई इन बच्चों से बात करने की कोशिश नहीं करे। एक समय बाद उन बच्चों की भाषा-क्षमता को परखने का मौका आया तो स्वयं अकबर वहाँ गया और उसने उन बच्चों से बात करने की कोशिश की तो ये गूँ-गूँ के अलावा कछ बोल नहीं पा रहे थे। बादशाह ने कहा कि इससे सिद्ध है कि भाषा ईश्वर प्रदत्त नहीं है। उसने ऐसे असम्भव पुरुष की कल्पना की थी, जिसे 'मर्द ए कामिल' यानी सम्पूर्ण मनुष्य कहा जा सके। ज़ाहिर है कि ऐसी कल्पना को व्यवहार में उतारना मुश्किल था।

13 वर्ष की उम्र में सम्राट अकबर

दीन-ए-इलाही धर्म का प्रचारक अकबर

दीन ए इलाही और सुलह कुल

अकबर का 'दीन ए इलाही' धार्मिक से ज्यादा एक किस्म की नैतिक समझदारी की वकालत करता है। वह एशोआराम, घमंड, परनिंदा के विरुद्ध दया, ब्रह्मचर्य और करुणा का पक्ष लेता है। उसमें आचरण की पवित्रता, ब्रह्मचर्य का समर्थन, पशु-हत्या का विरोध, माँस भक्षण का निषेध है। 'दीन ए इलाही' को उस समय उसके कुछ दरबारियों ने स्वीकार कर लिया था, लेकिन यह कोशिश शहंशाह को खुश करने के लिए ज्यादा थी। बताते हैं कि इसी विचार को आगे बढ़ाने के क्रम में उसने प्रयाग का नाम बदलकर 1583 में इलाहाबाद कर दिया था। कहते हैं कि 'सुलह कुल' (सर्वधर्म समभाव) जिसमें दीन-ए-इलाही की बातें शामिल हैं, वह शाही प्रशासनिक नीति का अंग था।

(इस परम्परा को उसके बेटे जहाँगीर और उसके पोते शाहजहाँ ने भी बनाये रखा)। अकबर का यह आदेश था कि उसके बेटे जहाँगीर के जन्मदिन पर किसी जानवर की हत्या न की जाये। जहाँगीर ने बादशाह बनने के बाद जो शुरूआती आदेश दिए थे, उनमें न केवल उसके खुद के जन्मदिन पर बल्कि उसके तख्तनशीन (सत्तासीन) होने के दिन तथा अकबर के जन्म दिन पर भी किसी जानवर को मारने की मनाही थी।

इस धर्म का सिद्धान्त था- ईश्वर या अल्लाह एक है, अकबर उसका दूत है और मनुष्य का यह कर्तव्य है कि वह स्वयं सत्य और असत्य के बारे में निर्णय करे। इस धर्म में किसी व्यक्ति या बात पर अंधविश्वास रखने को गलत माना गया था। इसमें स्वतन्त्र बुद्धि पर ज़ोर था, यहाँ तक कि इसमें पशु हिंसा को पाप समझा गया था, माँस खाने का भी निषेध था। उस समय अकबर के कई दरबारियों ने 'दीन ए इलाही' धर्म क़ुबूल कर लिया था, जिन में हिन्दू और मुसलमान दोनों थे। मगर शायद उन्होंने ऐसा अपने बादशाह को खुश करने के लिए किया था, क्योंकि यह बाद में चल नहीं पाया। इसके मूल सिद्धान्तों का असर तो रहा मगर धर्म के रूप मे स्वीकार्य नहीं हो पाया। वैसे बादशाहों-राजाओं द्वारा किसी धर्म या पंथ को प्रोत्साहन देने से उसका विस्तार और स्वीकृति ज़रूर बढ़ी है। मगर इरादा चाहे नेक हो, आदर्श चाहे ऊँचे हों, लेकिन शायद साधारणजन मोहम्मद साहब या ईसा मसीह या महावीर स्वामी या गुरु नानक जैसे साधारण जीवन से उठे व्यक्ति या फिर अशोक जैसे सम्राट द्वारा राजपाट छोड़कर चलाये गये धर्म को तो स्वीकार कर सकते हैं, मगर गद्दी पर बैठा राजा या बादशाह धर्म का प्रतिपादन भी करे, यह मंजूर नहीं

कर सकते। शायद यही कारण रहा होगा कि 'दीन ए इलाही' द्वारा स्थापित सिद्धान्त तो बाद में स्वीकार्य हुए, अकबर के द्वारा चलाया गया धर्म नहीं-इसके बावजूद कि शायद उस समय उसके प्रति सामान्य जनों में काफी सम्मान था। मुक्तिबोध लिखते हैं कि उस समय प्रजा अकबर को ईश्वर का अंश मानने लगी थी। लोगों में यह भावना पैदा हो गई थी कि जिस प्रकार प्रातःकाल उठकर सूर्य के दर्शन किये जाते हैं,उसी प्रकार सुबह उठकर सम्राट के दर्शन होने चाहिए। लोग इसे अपना पुण्य कार्य समझते थे।

'सुलह कुल' यानी सभी लोगों की भलाई के लिए प्रतिपादित अवधारणा सूफ़ी-सन्त परम्परा से जुड़ी हुई थी। इसने सभी धर्मों और संस्कृतियों के लोगों के बीच-जो भारत जैसे देश में रहते थे-भाईचारा स्थापित करने को एक सिद्धान्त के रूप में प्रस्तुत किया। 'सुलह कुल' परिकल्पना एक तरह से एक कानूनी पद्धति के रूप में की गई थी, जिसके आधार पर शासन किया जा सकता था। अकबर इस बात को अच्छी तरह जानता था कि वह एक ऐसे मुल्क पर शासन कर रहा है जिसकी आबादी का बहुत बड़ा हिस्सा गैर-मुसलमानों का है। इसलिए उसने सारे कट्टरवादी मुल्लाओं की बातों पर कभी ध्यान नहीं दिया जो इससे पहले पूरी तरह अपनी चलाया करते थे। उसने गैर-मुसलमानों पर से जज़िया कर हटाया और गैरमुसलमान कैदियों को ज़बरदस्ती मुसलमान बनाने की नीति पर चलने से इनकार किया। उसने हिन्दू अदालतों को भी उसी तरह कानूनी दर्जा दिया, जैसे मुस्लिम अदालतों को दिया। उसने कोशिश की कि मुसलमान और हिन्दू जनता के बीच कानून की अधिकतम समानता बनी रहे।

वैसे तो बचपन से ही अकबर में दयाभावना थी। असहाय चाहे दुश्मन हो, उसे मारने में उसे विश्वास नहीं था। पानीपत की दूसरी लड़ाई के समय वह केवल 13 साल का था। उसके सेनापति बैरम खाँ ने अकबर से कहा कि ये हेमू बुरी तरह घायल हो गया है, मौत के करीब है, यह तलवार हाथ में लो और इसका गला रेत दो। तुम्हारा नाम हो जाएगा कि इसे बादशाह ने मारा है। मगर अकबर ने यह मंजूर नहीं किया। उसने कहा कि जो खुद मर रहा है, उसे मैं नहीं मारूँगा। बैरम खाँ ने उससे कहा कि अगर यह तुम्हारी जगह होता तो इस तरह की दया न दिखाता, लेकिन अकबर इस तर्क से विचलित नहीं हुआ। खैर उसे किसी तरह इस बात पर राज़ी किया जा सका कि वह मूठ

मुग़ल वंश का इतिहास

उठाकर तलवार उसके गले पर रख देगा। बाकी काम बैरम खाँ ने किया, उसे मार डाला।

अकबर की लाइब्रेरी में 24 हजार किताबें थीं, जो संस्कृत, हिन्दुस्तानी, फ़ारसी, ग्रीक, लेटिन, अरबी तथा कश्मीरी में थीं। उसने कई विद्वानों, अनुवादकों, कलाकारों की नियुक्ति की थी। वह स्वयं पढ़ा-लिखा नहीं था, मगर इस कमी को वह रोज़ किताबें पढ़वाकर और उन्हें सुनकर पूरी किया करता था। उसने सुनानेवाले ऐसे लोग रख रखे थे, जिनकी आवाज़ स्पष्ट और मधुर हो। उन्हें भुगतान इस आधार पर किया जाता था कि उन्होंने किसी किताब के कितने पृष्ठ पढ़कर सुनाये हैं। वह पढ़ा-लिखा औपचारिक अर्थ में नहीं था, मगर वह अपनी मातृभाषा तुर्की तथा फ़ारसी का जानकार था। उसने सुनसुनकर काफी ज्ञान अर्जित किया था। वह किसी मामले में फैसला लेने में भी बड़ी सावधानी बरतता था। उस मामले में कानून क्या है और गवाहों ने क्या कहा है,इस पर वह ग़ौर करता था। उसने रेखांकन सीखा था। उसने अस्त्रशस्त्रों का प्रशिक्षण लिया था। वह जानवरों को प्रशिक्षित करना जानता था। उसने बढ़ईगिरी भी सीखी थी।

अकबर, जहाँगीर, शाहजहाँ और उनके मंत्री

राजकाज

अकबर ने सैन्य क्षेत्र में कई सुधार किए थे। उसके समय तोपों में कई सुधार हुए थे, किलेबन्दी की पद्धति सुधारी गई थी और हाथियों के उपयोग का उचित तरीका ढूँढा गया था। उसने ऑटोमन (उस्मानिया) साम्राज्य के अलावा यूरोपियों-- विशेषकर पुर्तगालियों और इतालवियों से आधुनिक तोपें और अन्य सैन्य सामग्री खरीदी थी, इसलिए मुग़लों के पास किसी भी क्षेत्रीय राजा से बेहतर हथियार थे। कहा

सम्राट अकबर का एक और चित्र

जाता है कि उसके समय तुर्की के अलावा दुनिया का शायद ही कोई और देश बन्दूकों-तोपों के मामले में मुग़ल साम्राज्य की बराबरी कर सकता था। उसने मनसबदारी प्रथा आरम्भ की थी, जिसमें हर मनसबदार के अधीन निश्चित संख्या में घुड़सवार सैनिक होते थे। मनसबदारों की 83 कोटियाँ थीं। तीन शीर्ष मनसबदारों के अन्तर्गत सात से दस हजार तक घुड़सवार सैनिक होते थे। इस तरह के मनसबदार शाही खानदान के लोग होते थे। बाकी मनसबदारों में से किसी के पास केवल दस तो किसी के पास पाँच हजार तक घुड़सवार होते थे। शाही सेना बहुत छोटी थी। शाही सेना मनसबदारों के घुड़सवारों से चलती थी। अकबर द्वारा किये गये सैन्य-विस्तार के परिणामस्वरूप उसकी मृत्यु होने तक मुग़ल सम्राज्य अफ़गानिस्तान तक, इधर बंगाल की खाड़ी से लेकर गोदावरी नदी के तट तक फैल चुका था। वैसे उसके साम्राज्य के विस्तार के कारण उसकी ताकत

और प्रभाव का विस्तार लगभग पूरे देश में था। मुग़ल सेना उस समय राजनीतिक और आर्थिक रूप से सबसे समृद्ध थी।

उसने कानून-व्यवस्था बनाये रखने के लिए जो सूबेदार नियुक्त किये थे, हर सूबेदार अपने सूबे में कानून-व्यवस्था बनाये रखने के लिए ज़िम्मेदार था, जबकि सम्पत्ति-कर आदि की व्यव्स्था अलग अधिकारी देखते थे। अकबर ने खुद महत्त्वपूर्ण इलाकाई अहलकारों की नियुक्तियाँ की थीं, जो सीधे उसके प्रति उत्तरदायी थे। उसने जासूसों का एक़ पूरा जाल विकसित किया था। ये जासूस अपने सहयोगियों पर नज़र रखते थे और कोई भी सन्देहास्पद गतिविधि होने पर उसकी सूचना अकबर तक पहुँचाते थे। सेना के कमांडरों को वेतन दिया जाता था,ताकि वे अपने सैनिकों तक वेतन पहुँचाएँ। अकबर अपने प्रशासन के सभी महत्त्वपूर्ण व्यक्तियों के नाम और अन्य विवरण अपने पास रखता था।

अकबर के साम्राज्य में वाणिज्य-व्यापार का बहुत विकास हुआ। उसने व्यापारियों को हर स्तर पर संरक्षण प्रदान किया। उन पर सीमाशुल्क बहुत कम लगाया। उसने स्थानीय प्रशासन को निर्देश दिए कि व्यापारियों के माल की पूरी तरह सुरक्षा की जाए। अगर फिर भी उनका माल चोरी चला जाए तो उसकी भरपाई की जाए। उसने शेरशाह सूरी से सीखकर सड़कें बेहतर बनवाईं और व्यापारियों का माल सुरक्षित रखने के उद्‌देश्य से राजमार्गों के लिए विशेष पुलिस-व्यवस्था भी की। खैबर दर्रे के ज़रिये काबुल तक व्यापार सुगम हो, इसके लिए उसने दर्रे के भीतर की सड़क-व्यवस्था भी ठीक करवाई।

अकबर के दादा बाबर और पिता के समय चलनेवाले सिक्के

बहुत सादे किस्म के होते थे, इतने सादे कि बस उनसे यह पता चल सके कि ये शाही सिक्के हैं। उनमें किसी तरह का नयापन नहीं था। पहली बार अकबर के समय कल्पनाशीलता के साथ नई तरह के सिक्के जारी हुए। ये सिक्के गोल भी थे और चौकोर भी। उसने 1585 में राम-सिया के चाँदी के सिक्के भी चलवाए थे। उसने 'दीन ए इलाही' धर्म को बढ़ाने के लिए भी सिक्कों का उपयोग किया था। बाद में उसके बेटे जहाँगीर और पोते शाहजहाँ ने सिक्कों को और बेहतर किया। जहाँगीर ने अपने पिता की याद में उनकी तस्वीरवाली सोने की मोहरें भी जारी करवाई थीं।

3 अक्टूबर 1605 को अकबर बीमार हुआ। उसे पेचिश हो गई थी, जिससे वह उबर नहीं पाया। उसकी मृत्यु 27 अक्टूबर 1605 को हुई,जब उसकी उम्र तरेसठ वर्ष थी। उसे सिकन्दरा, आगरा में दफनाया गया था। बताते हैं कि उसकी मृत्यु के करीब 70 वर्ष बाद राजा राम जाट, अपने पिता गोकुल की मृत्यु का बदला लेने के लिए अकबर के मक़बरे का सोना, चाँदी और बढ़िया किस्म के कालीन लूटकर अपने साथ ले गया था। यहाँ तक कि अकबर की कब्र खोद उसकी हड्डियाँ निकाल कर उन्हें जला दिया था। बाद में औरंगजेब ने उसे मृत्युदंड दिया।

अकबर के नवरत्न

उसके दरबार में राजा मानसिंह, राजा टोडरमल, अबुल फ़ज़ल, अबुल फ़ैज़ी, अब्दुल रहीम ख़ानख़ाना, बीरबल जैसे विद्वान और चतुर, साहसी लोग तथा तानसेन जैसे अपने समय के गायक भी थे, जिनकी गायकी आज भी श्रेष्ठतम मानी जाती है। इतिहासज्ञ बदायूँनी भी उसके दरबार में थे। फ़क़ीर अज़ीउद्दीन और मिर्ज़ा अज़ीज़ कोका भी थे। थे। कई स्रोत मुल्ला दो प्याज़ा का नाम भी नवरत्नों में शामिल करते हैं, जो उनके गुप्तचर मामलों के सलाहकार माने जाते हैं। मगर ऐसा जान पड़ता है कि वह वास्तविक की बजाय एक काल्पनिक चरित्र है।

राजा मानसिंह आमेर के राजकुमार और अकबर की सेना के सबसे भरोसेमन्द सेनापति थे। वह अकबर के ससुर भारमल के पोते थे। उन पर अकबर को इतना अधिक भरोसा था कि उन्हें मुस्लिम-बहुल अफगानिस्तान में मुग़लों की ओर से सूबेदार बनाया गया था। उन्होंने बिहार, उड़ीसा और बंगाल में भी यह पद सँभाला था। फ़क़ीर अज़ीउद्दीन सूफ़ी रहस्यवादी थे। अकबर के सलाहकार मिर्ज़ा अज़ीज़ कोका के बारे में कहा जाता है कि वह अकबर के रिश्ते के भाई लगते थे। वह गुजरात में सूबेदार के रूप में काम कर चुके थे।

अपने नवरत्नों के साथ सम्राट अकबर

सम्राट अकबर और बीरबल

बीरबल

बीरबल अकबर के दरबारी थे। उनकी हाज़िरजवाबी के कई क़िस्से आज भी बहुत मशहूर हैं। उन्हें राजा बीरबल के नाम से भी जाना जाता है, हालाँकि यह उनका असली नाम नहीं था। यह एक उपाधि थी, जो उन्हें दी गई थी। इनका असली नाम महेश दास भट्ट था। इनका जन्म 1528 में एक ब्राह्मण परिवार में हुआ था। पिता की जल्दी ही मृत्यु हो गई थी तो उन्हें उनके दादा ने पाला-पोसा। महेश दास अपने पिता की तीसरी सन्तान थे। उनकी माँ अनुभा देवी ने उन्हें उनके नाना के पास भेज दिया था। नाना ने उन्हें पाँच वर्ष की उम्र से संस्कृत, हिन्दी और फ़ारसी भाषा भी पढ़ाना शुरू कर दिया था, क्योंकि फ़ारसी उस समय की सरकारी भाषा हुआ करती थी। उन्होंने पारिवारिक परम्परा का पालन करते हुए कविता लिखना और संगीत भी सीखा था। वह

अपनी कविताएँ अपने मधुर स्वर में गाया करते थे। जल्द ही वह संगीतकार और गायक के रूप में मशहूर हो गये। साथ ही वह अपने मज़ाक़िया लहजे में कही गई बातों के लिए भी मशहूर थे। उस समय के राजा कलाओं के संरक्षक होते थे और गुणीजनों-विद्वानों का आदर किया करते थे। जयपुर के राजा भगवानदास ने उन्हें अपने दरबार में आमन्त्रित किया। बीरबल ने उनके दरबार में अपनी जगह बनाई। उस समय वह ब्रह्म कवि के नाम से अपनी रचनाएँ किया करते थे। जयपुर से महेश दास रीवा के राजा रामचन्द्र के दरबार में गए। तानसेन भी तब उनके दरबार में थे। कालिंजर के एक प्रतिष्ठित परिवार की लड़की से उनका विवाह हुआ, इस कारण उनकी आर्थिक स्थिति बहुत मज़बूत हो गई। इन दोनों की ख्याति जब अकबर के दरबार में पहुँची तो बादशाह ने इन्हे बुलाया। नवरत्नों में बीरबल भी शामिल हो गए।

महेश दास किस प्रकार बीरबल बने, इसकी भी एक रोचक कथा है। बीरबल अच्छे संगीतज्ञ, कवि और क़िस्सागो तो थे ही, अच्छे योद्धा भी थे। अकबर ने उन्हें एक युद्ध फ़तह करने के लिए पंजाब भेजा। वहाँ से विजयी होकर जब लौटे तो अकबर ने उन्हें 'वीरवर' की उपाधि प्रदान की और साथ ही नगरकोट की जागीर भी दी। यह वीरवर ही आगे चलकर बीरबल हो गया। वैसे अकबर खुद को भी महाबली कहलवाना पसन्द करते थे। बीरबल ने स्वयं अपनी कविताओं में वीरवर शब्द का इस्तेमाल किया है। अकबर ने यह नाम बेताल पच्चीसी से लिया था, जिसकी एक कहानी में वीरवर अपनी सेवाएँ राजा विक्रम को प्रदान करता है और राजा के प्रति अपने समर्पण का सबूत देकर उनसे ऊँची तनख्वाह हासिल करता है।

बीरबल 1556 में अकबर के दरबार में शामिल हुए थे और 30 साल तक वह वहाँ बने रहे। अकबर उन्हें बहुत चाहते थे। एक बार बीरबल और अकबर चौगान खेल रहे थे, जिसे आज पोलो कहा जाता है। खेलते-खेलते बीरबल घोड़े से गिरे और बेहोश हो गये। तब अकबर स्वयं अपने घोड़े से उतरे। उन्होंने बीरबल को होश में लाने का प्रयत्न किया। एक बार की बात है कि दो जंगली हाथी लड़ रहे थे। उनमें से एक हाथी ने अचानक अकबर के एक कारिन्दे पर हमला कर दिया, लेकिन फिर उसने अपना रास्ता पलटा और वह बीरबल की तरफ लपका। बीरबल की जान चली ही जाती, वह तो अकबर ने फुर्ती से अपना घोड़ा, हाथी और बीरबल के बीच खड़ा कर दिया। इससे हाथी चौंककर खड़ा रह गया और वहीं खड़ा हो गया। इस तरह बीरबल की जान बची। वैसे बीरबल की जान लड़ते-लड़ते ही गई। बीरबल ने इससे पहले अकबर के साथ बंगाल, बिहार और उड़ीसा की लड़ाइयों में भाग लिया था। शहंशाह से अधिक निकटता के कारण कई दरबारी उनसे ईर्ष्या किया करते थे। उनमें अकबर का एक सिपहसालार भी था। बताते हैं उसने जानबूझकर एक बहुत सँकरे रास्ते पर रात के समय बीरबल को भेजा, जहाँ अफगान पूरी तरह हमला करने के लिए तैयार थे। बीरबल और उसके साथी इस छोटे-से गलियारे में फँस गए और बीरबल 16 फरवरी 1583 को वहाँ अफगान फौजों से लड़ते- लड़ते मारे गए। अकबर को उनकी मृत्यु से बहुत झटका लगा। उन्होंने शोक में न खाना खाया, न पानी पिया। बादशाह दो दिन तक अपने दरबार में भी नहीं गये। ऐसा केवल कुल पाँच बार हुआ था कि वह दरबार में नहीं गये थे।

तानसेन

अकबर के नवरत्नों में प्रसिद्धि पाने वालों में तानसेन भी थे। उनका बचपन का नाम रामतनु था। उनके पिता का नाम मुकुन्द पांडे बताया जाता है,जो बहुत धनी थे, कवि थे और संगीत में भी उन्हें निपुणता हासिल थी। तानसेन के पिता के अन्य नाम भी बताए जाते हैं जैसे मकरन्द मिश्र या मुकुन्द राम। तानसेन जब छह साल के थे, तभी उनकी सांगीतिक प्रतिभा सामने आ चुकी थी। कहते हैं कि वह कुछ समय तक वृन्दावन के महान संगीतज्ञ स्वामी हरिदास के शिष्य रहे थे। उनकी प्रतिभा को ग्वालियर के राजा मानसिंह ने पहली बार पहचाना था। उन्होंने ही उन्हें तानसेन की पदवी दी थी। कहते हैं कि तानसेन के समान गाने वाला, उनके गुरु हरिदास के अलावा कोई और नहीं था। किंवदन्ती है कि एक बार स्वामी हरिदास वन से गुज़र रहे थे। तब पाँच साल का रामतनु शेर के दहाड़ने की नकल कर रहा था। उससे स्वामी हरिदास बहुत प्रभावित हुए और उसे संगीत सिखाने

सम्राट अकबर और तानसेन

साथ ले गए। एक और किंवदन्ती यह है कि उनके पिता ने उन्हें हरिदास के पास संगीत की शिक्षा लेने के लिए भेजा था। वहाँ उनमें न केवल ध्रुपद के प्रति अनुराग पैदा हुआ, बल्कि वह बृज में रचनाएँ भी करने लगे। जब तानसेन स्वामी हरिदास जी से शिक्षा ग्रहण कर रहे थे, तभी उनके पिता की मृत्यु हो गई और उन्हें वापस अपने घर लौटना पड़ गया। वहाँ वह शिव मन्दिर में गाया करते थे। कहते हैं बाद में उनके गुरु मोहम्मद ग़ौस बन गए थे। स्वामी हरिदास से शिक्षा लेकर वह वैष्णव परम्परा में दीक्षित हुए थे और ग़ौस के शिष्य बनने के बाद सूफ़ी परम्परा में दीक्षित हुए। तानसेन ने दोनों परम्पराओं को यानी भक्ति परम्परा और सूफ़ी परम्परा को संगीत में समन्वित किया और उन्हें दार्शनिक धरातल पर खड़ा किया। बाद में वह रीवा के रामचन्द्र बघेला के दरबार में करीब सात साल तक रहे। इसी बीच सम्राट अकबर को तानसेन की कला–निपुणता के बारे में पता चला और उन्होंने अपना एक दूत जलालुद्दीन राजा रामचन्द्र के पास भेजा ताकि तानसेन को अकबर के दरबार का सदस्य बनाया जा सके। राजा रामचन्द्र के पास सिवाय इसके कोई विकल्प नहीं था कि वह तानसेन को सम्राट अकबर के पास भेज दे। अकबर ने ही तानसेन को मियाँ की उपाधि से नवाज़ा। फ़तेहपुर सीकरी में बादशाह के कक्ष के निकट बने तालाब के बीच बनी एक छोटे से द्वीप जैसी जगह पर तानसेन अपनी संगीत–कला का प्रदर्शन सम्राट और उनके खास साथी–संगियों के लिए किया करते थे। कहते हैं हिन्दुस्तानी संगीत के कई राग उन्हीं की रचना थे, जिनमें मियाँ की मल्हार, मियाँ की तोड़ी, राग सारंग आदि हैं। इसके अलावा राग दरबारी कानडा, दरबारी तोड़ी और राग रागेश्वरी भी उन्हीं की रचनाएँ बताई जाती हैं। कहते

हैं कि उन्होंने 'संगीत सार' और 'राजमाला' नामक दो पुस्तकें संगीत के बारे में लिखी थीं। आज संगीत का लगभग हर घराना अपना सम्बन्ध किसी न किसी तरह तानसेन से जोड़ता है। केवल ध्रुपद गायकी के लिए मशहूर डागर परिवार अपने आपको तानसेन के गुरु स्वामी हरिदास से जोड़ता है।

तानसेन के बारे में कई तरह की कहानियाँ प्रचलित हैं। एक कथा यह भी है कि अकबर की बेटी मेहरून्निसा तानसेन पर मोहित हो गई थी। उसकी भी भूमिका तानसेन को अकबर के दरबार में लाने की थी। तानसेन ने अपना धर्म बदल कर इस्लाम क़ुबूल कर लिया था और अकबर की बेटी से शादी कर ली थी। एक कहानी यह है कि जब वह राग मेघ मल्हार गाते थे तो पानी बरसने लगता था और जब वह राग दीपक गाते थे तो दिये जल उठते थे। राग मल्हार तो अभी भी भारतीय शास्त्रीय संगीत में बहुत लोकप्रिय और ऊँचा स्थान रखता है, लेकिन राग दीपक के बारे में आज कुछ नहीं पता। कहते हैं कि राग बिलावल, राग पूरबी और खमाज थाट के राग इसी से सम्बन्धित हैं। कहा यह भी जाता है राग दीपक इसलिए समय के साथ विलीन हो गया कि इसके गाते ही आग लग जाती थी, इसलिए इसे गाना खतरनाक माना गया। यह भी कहा जाता है कि तानसेन इतना मधुर गाया करते थे कि पशु–पक्षी भी उन्हें सुनने के लिए खड़े हो जाते थे। कहते हैं कि एक बार सफेद जंगली हाथी पकड़ लिया गया, लेकिन उसे काबू में लाना बड़ा मुश्किल हो रहा था। जब तानसेन ने कोई राग गाया तो वह शान्त हो गया, तब शहंशाह अकबर उस पर बैठे। यह भी कहा जाता है कि उनकी मृत्यु राग दीपक गाने के दौरान आग लग जाने से हुई थी।

अब्दुल रहीम ख़ानाख़ाना

रहीम

अकबर के नवरत्नों में अब्दुल रहीम ख़ानख़ाना भी थे, जो बैरम खाँ के बेटे थे। यह वही बैरम खाँ हैं, जिन्होंने बचपन में अकबर के संरक्षक की भूमिका अदा की थी। अब्दुल रहीम ख़ानख़ाना का जन्म लाहौर में हुआ था। बैरम खाँ की हत्या होने के बाद उनकी पहली पत्नी अपने चार साल के बेटे रहीम के साथ दिल्ली से अहमदाबाद लाई गई और उसे अकबर के दरबार में पेश किया गया। अकबर ने अब्दुल रहीम ख़ानख़ाना को मिर्ज़ा खान की उपाधि दी और बाद में उनकी शादी महाबानो से करवा दी गई, जो कि मुग़ल सामन्तों के परिवार से थी। बाद में बैरम खाँ की दूसरी पत्नी सलीमा सुल्तान बेगम ने अपने चचेरे भाई अकबर से शादी कर ली थी। इस रिश्ते से अब्दुल रहीम ख़ानख़ाना अकबर के सौतेले पुत्र भी थे। वह नवरत्नों

में से एक थे। कहा जाता है कि एक समय राणा प्रताप ने अब्दुल रहीम ख़ानख़ाना के परिवार की महिलाओं को न केवल संरक्षण दिया था, बल्कि उन्हें अब्दुल रहीम ख़ानख़ाना के पास लौटा दिया था। इस कारण ख़ानख़ाना कृष्ण के भक्त बन गए थे। अब्दुल रहीम ख़ानख़ाना किसी गरीब को कुछ भी देते थे तो उनकी आँखें हमेशा धरती की तरफ झुकी रहती थीं। जब सन्त कवि तुलसीदास ने यह सुना तो उन्होंने दो पंक्तियाँ लिखकर रहीम को भेजीं—'ऐसी देनी देव जी देना देन जू कित सीखे हो सेन/जो-जो कर ऊँचो करो, त्यूँ-त्यूँ नीचे नैन'। इसका अर्थ है कि रहीम तुमने इस तरह दान देना कहाँ से सीखा है कि देते समय तुम्हारे हाथ ऊपर रहते हैं, मगर आँखें नीचे हो जाती हैं। रहीम को मालूम था कि तुलसीदास इसका कारण जानते हैं, लेकिन सिर्फ उन्हें अपनी बात स्पष्ट करने का अवसर देना चाहते हैं। उन्होंने तुलसीदास को जवाब में ये पंक्तियाँ लिख भेजीं—'देनहार कोई और है, भेजत जो दिन-रैन/लोग भरम हम पर करै, तासु नीचे नैन'।

रहीम के बेटों की हत्या जहाँगीर ने करवा दी थी क्योंकि अकबर की मृत्यु के बाद अब्दुल रहीम ख़ानख़ाना के ये दोनों बेटे इस पक्ष में नहीं थे कि जहाँगीर शहंशाह बने। उसने न केवल रहीम के दोनों बेटों को बल्कि खुद रहीम ख़ानख़ाना को भी-जो कि उसके शिक्षक रह चुके थे—दरबार से निकलवा दिया था। रहीम ने दोहों की रचना तो की ही,उन्होंने फ़ारसी में बाबरनामा का अनुवाद भी किया था। रहीम संस्कृत के भी बहुत अच्छे जानकार थे। कहते हैं कि उन्होंने दो पुस्तकें फलित ज्योतिष पर भी लिखी थीं। उनकी याद में उनकी पत्नी ने दिल्ली के निज़ामुद्दीन पूर्व में हुमायूँ के मक़बरे के पास रहीम का मक़बरा बनवाया था।

अबुल फ़ज़ल

अबुल फ़ज़ल और फ़ैज़ी

अकबर की उदारवादी सोच में बहुत कुछ योगदान अबुल फ़ज़ल का भी माना जाता है। वह फ़ैज़ी के छोटे भाई थे, जो खुद भी अकबर के नवरत्नों में थे। उन्होंने 'अकबरनामा' और 'आईन ए अकबरी' पुस्तकें लिखी हैं। अकबरनामा, अकबर के शासनकाल के सत्रह वर्षों के बारे में है और आईन-ए-अकबरी उनके जीवन के 46 वर्ष तक की अवधि की के बारे में। अकबरनामा, अकबर के पूर्वज तैमूर से लेकर बाबर, हुमायूँ और अकबर तक आता है। अकबरनामा दो खंडों में है। इसके तीसरे खंड को आईन-ए-अकबरी के नाम से जाना जाता है। अकबरनामा लिखने का दायित्व अबुल फ़ज़ल को अकबर ने सौंपा था। यह काम सात साल में पूरा हुआ। आईन-ए-अकबरी

में हिन्दुओं के रिवाजों-परम्पराओं, ज्ञान आदि बारे में भी बताया गया है ताकि इसकी जानकारी मुस्लिमों को भी हो, दोनों समुदायों के बीच एक दूसरे के प्रति अधिक से अधिक सद्भाव बढ़े। अबुल फ़ज़ल का बड़ा भाई शेख अबू अल शेख इब्न मुबारक—जिन्हें फ़ैज़ी के नाम से जाना जाता है— कविता और भारत के उत्तर मध्यकाल के विद्वान थे। वह राजपूताना के नागौर वासी शेख मुबारक के बेटे थे। उनके पिता शेख मुबारक खुद दर्शनशास्त्र और साहित्य के विद्वान थे। उन्हें मुख्य रूप से उनके पिता ने शिक्षा दी थी। उन्होंने अकबर के तीन बेटों को पढ़ाया था। उन्हें आगरा, काल्पी और कालिंजर का सदर नियुक्त किया गया था। उन्हें मुग़लों के प्रतिनिधि के रूप में खानदेश और अहमदनगर भी भेजा गया था। दक्कन से लौटने के कुछ समय बाद फ़ैज़ी की दमे से मृत्यु हो गई। फ़ैज़ी के दीवान में उनकी ग़ज़लें, क़सीदे और रूबाइयाँ संकलित हैं। उन्होंने क़ुरआन का अनुवाद भी किया था। उन्होंने भास्कराचार्य द्वारा गणित पर संस्कृत में लिखे ग्रंथ लीलावती का फ़ारसी में अनुवाद किया था। ईरान के सूफ़ीवाद से उन्होंने परिचय कराया था। कहते हैं कि उन्होंने करीब सौ कविताएँ फ़ारसी में लिखी थीं।

सम्राट अकबर और राजा टोडरमल

राजा टोडरमल

राजा टोडरमल भी अकबर के दरबार के नवरत्नों में थे। वह वित्त मंत्री का प्रभार सँभालते थे। उत्तर प्रदेश के लहरपुर में जन्मे टोडरमल के पिता की मृत्यु बहुत जल्दी हो गई थी। उनके पास शुरू में जीवनयान के साधन नहीं थे। धीरे-धीरे वह शेरशाह सूरी के सम्पर्क में आए। उसने उनकी प्रतिभा को पहचाना और उन्हें पंजाब में रोहतास में नया किला बनाने का काम सौंपा। इसका उद्देश्य दक्कन से होनेवाले हमलों को रोकना था और उत्तर-पश्चिम से मुग़लों का रास्ता रोकना था, लेकिन शेरशाह सूरी की मौत के बाद वह अकबर के दरबार में आए। पहले उन्हें आगरा का दायित्व सौंपा गया। इसके बाद उन्हें गुजरात का सूबेदार बनाया गया। राजा टोडरमल ऐसे पहले हिन्दू थे, जिन्हें मुग़ल सेना का नेतृत्व सौंपा गया था, क्योंकि अकबर को शक था कि अगर किसी मुसलमान को यह काम सौंपा गया तो

वह विद्रोही सेना से हाथ मिला सकता है। टोडरमल को बंगाल में और पंजाब में भी यही काम सौंपा गया था। पहले, टोडरमल को 1575 ई. में अकबर ने अपना वित्त अधिकारी नियुक्त किया और बाद में उन्हें अपना मुख्य वित्त मंत्री बनाया। टोडरमल ने राजस्व पद्धति में बहुत बड़ा सुधार किया, जो इससे पहले नहीं हो सका था। उन्होंने राजस्व की नई पद्धति, संग्रह की एक नई पद्धति शुरू की। इसके अलावा क्षेत्र-विशेष में होनेवाली फसलों का पिछले दस साल का सर्वे करवाया और उसके औसत के आधार पर हर फसल का कर निर्धारित किया। उन्होंने हर राज्य में अलग राजस्व क्षेत्र बनाए, जिनकी अपनी-अपनी राजस्व दरें हर फसल के हिसाब से अलग होती थीं। यह पद्धति गुजरात और बंगाल को छोड़कर अन्य सभी उन जगहों पर लागू थी, जहाँ अकबर का शासन था।

राजा टोडरमल को इस बात का श्रेय भी जाता है कि उन्होंने नापतौल की एक ऐसी पद्धति विकसित की, जिसे बाद में भी लागू रखा गया। उन्होंने जमीन का सर्वे भी आरम्भ करवाया। उन्हीं के कारण भारतीय उपमहाद्वीप में पटवारी पद्धति शुरू हुई जिसे बाद में ब्रिटिश सरकार ने और बाद में स्वतन्त्र भारत की सरकार ने भी जारी रखा। बताते हैं कि एक बार राजा टोडरमल ने अकबर से हरिद्वार जाने की अनुमति माँगी जो उन्हें मिल गई, लेकिन बीच रास्ते में उन्हें अकबर का पत्र मिला कि दुनिया की सेवा करना तीर्थ यात्रा पर जाने से बेहतर है। टोडरमल ने भगवत पुराण का फ़ारसी में अनुवाद किया था। टोडरमल की मृत्यु 1589 में लाहौर में हुई। उनका दाह-संस्कार हिन्दू रीति से किया गया। उनके दो बेटे थे। उनमें से एक सिन्ध की लड़ाई में मारा गया था और दूसरे बेटे कल्याण दास ने अकबर के

दरबार में वित्त का प्रभार सँभाला। टोडरमल एक अच्छे सैन्यकर्मी भी थे। उन्होंने कई लड़ाइयों में अकबर की तरफ से भाग लिया था। उन्होंने पटना की विजय में भाग लिया था, इसके बाद उन्हें आदेश मिला था कि वह मुनसिम खान के साथ बंगाल विजय के लिए जाएँ। दाऊद खाँ ए खारानी के साथ लड़ाई में जब खान आलम मारा गया और मुनसिन खान का घोड़ा युद्ध क्षेत्र से भाग खड़ा हुआ तो राजा टोडरमल ने बहादुरी से मैदान सँभाला और विजय हासिल की। राजा टोडरमल के बारे में कहते हैं कि उन्होंने 1585 ई. में काशी विश्वनाथ मन्दिर का पुनर्निर्माण करवाया था। यह भी कहा जाता है कि राजा टोडरमल के पास गोस्वामी तुलसीदास के रामचरितमानस की एक प्रति भी थी।

सम्राट अकबर और दरबारी आदि

जोधाबाई या हीरकुंवर?

अकबर की पटरानियों में एक हीरकुँवर थीं जो मरियम उज़-ज़मानी बेगम के नाम से जानी जाती हैं। उन्हें ही फ़िल्मों आदि में जोधाबाई कहा जाता है। उनके अन्य नाम भी मिलते हैं-हरख बाई, राजकुमारी और राजकुँवरी। वह आमेर के राजा भारमल की बेटी थीं। 1562 में जयपुर के निकट सांभर में राजा भारमल ने अकबर से अपनी इस सबसे बड़ी बेटी का विवाह किया था। इस विवाह का लाभ जहाँ अकबर को मिला कि उससे हिन्दू प्रजा में यह विश्वास पैदा हुआ कि वह हिन्दुओं को भी आदर और सम्मान की दृष्टि से देखता है, वहीं इसका लाभ राजा भारमल और उनके निकटवर्ती रिश्तेदारों को भी मिला,जिन्हें शाही दरबार में बड़े पद मिले। आमेर एक छोटी रियासत थी, लेकिन राजा भारमल के बेटे राजा भगवानदास को शाही सेवा में शामिल किया गया। भगवानदास को बाद में काफी ऊँचे पद मिले। फिर राजा भगवानदास के बेटे राजा मानसिंह भी ऊँचे पद पर पहुँचे। इसके कारण इनकी शक्ति और समृद्धि में भी बहुत वृद्धि हुई। अबुल फ़ज़ल ने जिन 27 राजपूत मनसबदारों की सूची दी है, उनमें से तेरह इसी वंश से सम्बन्ध रखते हैं। भगवान दास को उन्होंने 5000 सैनिकों की सेना का मुखिया बना दिया था और उन्हें 'अमीर उल उमरा' का पद दिया था। मानसिंह इससे भी ऊँची जगह पर पहुँचे। उन्हें 7000 सैनिकों की सेना का भार दिया गया। इतनी बड़ी ज़िम्मेदारी सिर्फ शाही राजकुमारों को ही मिलती थी।

इसके अलावा अकबर ने इस परिवार के प्रति अपना सम्मान जताने के लिए अपने बेटे दानियाल को अपने ससुर राजा भारमल और सास के पास छह महीने तक रखा, ताकि वे उसकी अपने ढँग

से देखभाल कर सकें। हीर कुंवार और अकबर का बेटा जहाँगीर अकबर का उत्तराधिकारी बना। जहाँगीर की माँ का इतना सम्मान था कि उनके लिए न केवल आगरा में महल बनवाया गया था, बल्कि फ़तेहपुर सीकरी, इलाहाबाद और मांडू में भी महल बनवाए गए थे। मांडू में जहाँ महल बनवाया गया था, वह नीलकंठ मन्दिर के नाम से प्रसिद्ध है। कहते हैं कि जहाँगीर हिन्दू परम्परा के अनुसार अपनी माँ के पैर छुआ करता था। उसकी माँ हीरकुँवर की भतीजी भगवती बाई या मनमती बाई से शहंशाह जहाँगीर ने शादी की थी। हीरकुँवर को पूरी तरह छूट थी कि वह शाही परिवार में रहकर न केवल अपने धर्म का पालन करे, बल्कि हिन्दू पद्धति से रहें। उनके महल में मन्दिर भी था और अकबर खुद भी उनके साथ पूजा में भाग लिया करता था। वह भगवान कृष्ण की सेविका थीं और उनके महल में श्री कृष्ण की मूर्तियाँ और चित्र लगे हुए थे। केवल उन्हें यह सौभाग्य प्राप्त हुआ कि उन्हें अपने पति के पास दफनाया गया। उनकी अन्तिम इच्छा थी की उनका अन्तिम संस्कार हिन्दू की बजाय मुस्लिम पद्धति से किया जाए।

हीरकुँवर के प्रभाव का कारण यह भी था कि वह व्यापार में भी बहुत कुशल थीं। उन्होंने रेशम, तरह-तरह के मसालों का विदेश में व्यापार किया। कहते हैं कि उनकी अपनी सम्पत्ति उस ज़माने के कई यूरोपीय महाराजाओं से अधिक थी। मरियम उज़-ज़मानी के पास पानी का एक जहाज़ भी था, जो कि मुस्लिम तीर्थयात्रियों को मक्का ले जाता था। 1613 में उनके जहाज़ रहीमी को पुर्तगाली समुद्री लुटेरों ने पकड़ लिया था, जिसमें 600 से लेकर 700 तक मुस्लिम यात्री थे। इससे नाराज़ जहाँगीर ने पुर्तगाली कब्जे के शहर दमण पर कब्जा कर

रानी जोधा बाई

लिया था। वह अकेली महिला थीं, जिन्हें 12,000 घुड़सवार फौज के मुखिया का सम्मान मिला था। उन्हें सरकारी दस्तावेज़ और फ़रमान जारी करने का अधिकार भी था। अकबर के हरम की बहुत कम महिलाओं को यह हक हासिल था, जिनमें हमीदा बानो बेगम थीं और मरियम उज़-ज़मानी भी थीं, जिन्हें फ़िल्मों के माध्यम से जोधाबाई के नाम से लोकप्रिय बनाया गया है, लेकिन अलीगढ़ मुस्लिम विश्वविद्यालय के प्रोफेसर शिरीन मुसवी के अनुसार उनका नाम जोधाबाई 18वीं-19वीं शताब्दी के इतिहास लेखन में मिलता है। इससे पहले जोधाबाई के रूप में उनका उल्लेख लेफ्टिनेंट कर्नल जनरल टाड ने किया था।

अकबरनामा में यह ज़िक्र है कि अकबर ने आमेर की राजकुमारी

से विवाह किया था, लेकिन उसमें उनका नाम जोधाबाई नहीं दिया गया है। अकबरनामा में उनका नाम मरियम ज़मानी ही दिया गया है, जो कि अकबर की पत्नी थीं। कहते हैं कि जोधा बाई अकबर की पत्नी का नहीं बल्कि, जहाँगीर की पत्नी ताज बीबी बिलक़ीस मकानी का नाम था, जो कि जोधपुर की राजकुमारी थी और जिनका वास्तविक नाम था जगत गोसाई। इरफान हबीब जैसे मशहूर इतिहासकार भी कहते हैं कि यह तो सही है कि राजा भारमल की सबसे बड़ी बेटी से अकबर ने विवाह किया था, मगर उसका नाम जोधाबाई था, यह सच नहीं है। लेकिन एक अन्य बड़े इतिहासकार जदुनाथ सरकार कहते हैं कि जयपुर के राजा उदय सिंह ने अपनी बेटी का विवाह जहाँगीर से किया था, उसका नाम मीराबाई था, लेकिन वह जोधाबाई के नाम से भी जानी जाती थीं। यह नाम मुगले आज़म फ़िल्म के बाद ज्यादा लोकप्रिय हुआ, जिसमें यह भूमिका दुर्गा खोटे ने अदा की थी।

अकबर के बारे में विद्वानों के मत

महर्षि अरविंद :

मुग़ल साम्राज्य महान और भव्य था और उसे बनाने और चलाने में काफी राजनीतिक कौशल और उच्चतर ज्ञान का उपयोग किया गया था। यह साम्राज्य शानदार, शक्तिशाली और लोक हितकारी था। साथ ही, औरंगज़ेब की असहिष्णुता और जुनून के बावजूद मध्यकाल समकालीन या कहीं और के शासनों की तुलना में ज्यादा उदार और सभी धर्मों के प्रति सहनशील था।

जवाहर लाल नेहरू :

बाबर का पोता अकबर गुणों में अपने दादा से गुणों में कहीं बढ़कर है। योग्य सेनापति की हैसियत से वह साहसी और दिलेर है और उसमें बड़ी दया और कोमलता भी है। वह आदर्शवादी और स्वप्नशील है,फिर भी वह कुछ कर दिखानेवाला आदमी है। लोगों का ऐसा नेता है कि अपने अनुयायियों में गहरी स्वामी भक्ति पैदा कर सकता है। योद्धा की हैसियत से उसने हिन्दुस्तान के बड़े हिस्सों पर विजय प्राप्त की, लेकिन उसकी निगाहें एक दूसरी तरह की विजय हासिल करने पर लगी हुई थीं। वह दरअसल लोगों के दिलों और दिमागों को फ़तह करना चाहता था। उसकी इन मजबूर कर देने वाली आँखों से—जैसाकि उसके दरबार के एक पुर्तगाली ने हमें बताया है कि धूप में चमकते हुए समुन्दर की सी झलक थी—उसने जो एकता स्थापित की, वह सिर्फ राजनीतिक एकता नहीं थी, बल्कि ऐसी एकता थी कि सब लोगों को एक चेतना में ढाल सके। 1556 ई. से लेकर अपने राज्यकाल के लगभग 50 साल तक उसने बराबर यही कोशिश की। बहुत से राजपूत सरदारों को, जो किसी दूसरे के काबू में आने वाले नहीं थे, उसने अपनी तरफ मिलाया। उसने एक राजपूत राजकुमारी से ब्याह किया और उसका बेटा जहाँगीर आधा राजपूत हिन्दू और आधा मुग़ल था। जहाँगीर का बेटा शाहजहाँ भी एक राजपूत माता की कोख से पैदा हुआ था। अकबर ने अपने इर्द-गिर्द बहुत से चमत्कारी लोगों को इकट्ठा कर लिया था जो कि उसके आदर्शों के समर्थक थे, इनमें अबुल फ़ज़ल और फ़ैज़ी भी थे और ये दोनों भाई थे। उधर बीरबल थे, राजा मानसिंह थे और अब्दुल रहीम ख़ानख़ाना थे।

उसका दरबार नए-नए धर्मों के लोगों के लिए और उन लोगों के लिए जिनके पास नए विचार थे या नए आविष्कार थे, मिलने-जुलने की जगह बन गया था। उसकी सब तरह के विचारों के प्रति रवादारी, उदारता और उसका सब तरह के विश्वासों और मतों को प्रोत्साहन इस हद तक पहुँचा कि कुछ ज्यादा कट्टर मुसलमान उससे नाराज़ हो गए।

अमर्त्य सेन :

1556 से 1605 ईस्वी तक शासन करने वाले अकबर को हिन्दू धर्म और दर्शन के प्रति उसके खास अनुराग के लिए भी याद किया जाता है। उसने भारत के विभिन्न धर्मों की विशेषताओं को लेकर एक अलग धर्म 'दीन-ए-इलाही' बनाने की कोशिश की थी। उसके दरबार के बुद्धिजीवियों, कलाकारों और संगीतकारों में हिन्दुओं और मुसलमानों की संख्या बराबर होगी। अन्य मामलों में भी उसने सिर्फ एक धर्म के हिसाब से फैसले लेने से बचने की कोशिश की। औरंगज़ेब का भाई दाराशिकोह तो हिन्दू दर्शन से बहुत ही ज्यादा प्रभावित था। उसने उपनिषदों का फ़ारसी में अनुवाद करवाया था। उसने स्वयं इनकी तुलना क़ुरआन से की थी। दाराशिकोह ताजमहल के निर्माता शाहजहाँ का सबसे प्रिय और बड़ा बेटा था। उसे लड़ाई में पराजित करने के बाद ही औरंगज़ेब शासक बना था।

□□□